线装国学馆

线装国学馆

三十六计

《线装国学馆》编委会 编

全四卷◎第一卷

中国画报出版社
CHINA PICTORIAL PRESS

三十六计

线装国学馆

三十六计

三十六计

线装国学馆

第二卷

第九计 隔岸观火①

【原文】

阳乖②序乱，阴以待逆。暴戾恣睢③，其势自毙。顺以动豫，豫顺以动④。

【按语】

乖气浮张⑤，逼则受击，退则远之，则乱自起。昔袁尚、袁熙奔辽东⑥，众尚有数千骑。初，辽东太守公孙康⑦，恃远不服。及曹操破乌丸⑧，或说曹遂征之，尚兄弟可擒也。操曰：『吾方使康斩送尚、熙首来，不烦兵矣。』九月，操引兵自柳城⑨还，康即斩尚、熙，传其首。诸将问其故，

操曰：『彼素畏尚等，吾急之，则并力；缓之，则相图，其势然也。』

或曰：此兵书火攻之道也。

按兵书火攻篇前段言火攻之法，后段言慎动之理，与隔岸观火之意亦相吻合。

【注释】

①隔岸观火：站在对岸看火。比喻当别人处于危难时不加帮助，而采取观望的态度。有时也表示非身临其境，对情况了解不深。

②阳乖序乱：矛盾公开，秩序混乱。乖，违背。

③暴戾恣睢：凶狠残暴、胡作非为。戾，猛烈。恣睢，任意胡为。

④顺以动豫，豫顺以动：顺应时机而行动（必然会胜利），这

是预测到时机而行动（的结果）。

顺以动：顺应时机而行动。豫，顺时而动。易经·豫·象：『豫，刚应而志行，顺以动。』

⑤乖气浮张：矛盾激化。乖气，不和谐之气，

⑥袁尚、袁熙奔辽东：建安十年（205），袁绍之子、幽州刺史袁熙（约178—207）的部下发动叛变，他与弟弟袁尚（？—207）远赴辽东，投奔乌桓。乌桓，古代北方游牧民族之一。

⑦公孙康（生卒年不详）：襄平（今辽宁辽阳）人，东汉末年割据辽东地区的军阀。

⑧曹操破乌丸：建安十二年（207），曹操亲征乌桓，于八月设计击溃了乌桓的军队。袁尚、袁熙随后投奔公孙康。乌丸，即乌桓。

⑨柳城：位于今辽宁朝阳境内。

【原文译文】

敌人的矛盾公开、秩序混乱，我方就暗地里等待敌情进一步恶化。敌人凶狠残暴、胡作非为，势必会自我毁灭。顺应时机而行动，必然会胜利，这是预测到时机而行动的结果。

【按语译文】

敌人的矛盾激化，进逼就会受到攻击，向后撤退而远离敌人，混乱自然就会出现。建安十年（205），袁尚、袁熙兄弟俩投奔乌桓，他们的手下有数千骑兵。当时，辽东太守公孙康自恃处于偏远的地区，不服从曹操。建安十二年（207），曹操击溃乌桓。袁尚、袁熙随后投奔了公孙康。众

人都劝说曹操征讨公孙康，袁尚、袁熙兄弟俩就能被擒获。曹操说：『我已经派人让公孙康将袁尚、袁熙斩首，并将两人的首级送来，不用劳烦出兵。』九月，曹操率领军队从柳城返回，不久公孙康就杀死袁尚、袁熙，将两人的首级送给曹操。众将领询问原因，曹操说：『公孙康向来害怕袁尚等吞并他，我如果急于用兵，他们就会合力抗拒；如果推迟用兵，他们就会互相图谋而自相残杀。这是形势发展的必然。』

有人说：这是《孙子兵法》上说的火攻的道理。从《孙子兵法·火攻篇》来看，前段说的是火攻的方法，后段说的是慎重行动的道理，与隔岸观火的含义也是相吻合的。

【历史故事】

司马炎灭亡吴国

景元四年（263），魏国丞相司马昭派兵攻占成都，蜀国后主刘禅投降，蜀国灭亡。三国鼎立的局面被魏国、吴国对峙所取代。秦始元年（265），司马昭去世。他的儿子司马炎夺取魏国政权并称帝，建立晋朝，史称西晋。

虽然西晋的实力雄厚，但吴国的水军非常强大，司马炎因此没有贸然出兵攻吴，而是采取等待、观望的策略，同时积极备战。他一方面下令建造战船、训练水军，另一方面积极改革内政、发展农业，进一步增强实力。

与司马炎的积极作为相反，吴国的国君孙皓骄横暴虐、胡作非为。为了消灭仇敌，孙皓甚至采用剥面皮、挖眼睛、灭三族之

类的残暴手段。文武大臣不敢公开反对，但逐渐地不再支持他。有人说荆州出现王气，孙皓又动用大量的人力、财力，将都城从建业迁到武昌。后来，江南地区

爆发起义，孙皓又将都城迁回建业，并大兴土木建造宫殿。其间，原本归附吴国的交州（辖境包括今广东、广西大部、越南的北部和中部）投降了西晋。孙皓非常生气，一直派兵攻打，用了七年才夺回。这些状况大大地削弱了吴国的国力。

西晋的一些大臣得知吴国的情况，认为出兵的时机已到。他们劝司马炎说：『吴国上下离心，出兵攻打可以不战而胜。如果等吴国换了新君、励精图治，再攻打就很难了。』不过，部分大臣却表示反对，认为吴国人依靠长江天险、善于水战，还不是攻打吴国的时候。司马炎权衡再三，决定出兵攻吴。

咸宁五年（279）十一月，司马炎派二十余万大军进攻吴国。当时，吴国已经没有良将。面对晋军的攻势，吴军根本无力抵抗，节节败退。第二年三月，一路势如破竹的晋军包围了建业。孙皓见大势已去，就出城投降，吴国灭亡。

第十计 笑里藏刀①

【原文】

信而安之，阴以图之。备而后动，勿使有变。刚中柔外也。

【按语】

兵书云：『辞卑而益备者，进也……无约而请和者，谋也。』故凡敌人之巧言令色，皆杀机之外露也。宋曹玮知渭州②，号令明肃，西夏③人惮之。一日玮方对客弈棋，会有叛卒数千，亡奔夏境。堠骑④报至，诸将相顾失色，公言笑如平时。徐谓骑曰：『吾命也，汝勿显言。』西夏人闻之，以为袭

己，尽杀之。此临机应变之用也。若勾践之事夫差⑤，则意使其久而安之矣。

【注释】

①笑里藏刀：比喻外表对人和气，内心却阴险毒辣。

②曹玮知渭州：997年，北宋宋太宗病逝，宋真宗继承帝位。不久，名将曹玮（973—1030）被任命为渭州知州。知，任知州。知州系一地军政长官。渭州，治所在今甘肃平凉。

③西夏：古时西北少数民族党项族建立的政权，享国一百八十九年（1038—1227）。

④堠骑：骑马侦探敌情的士兵。

⑤勾践之事夫差：公元前494年，吴王夫差攻越。越王勾践率兵迎击，兵败求和，使吴军撤回。随后勾践到吴国为夫差喂马，

两年后才被放回国。此后，勾践一直贿赂吴王，麻痹对方，使他放松警惕。公元前473年，勾践灭吴。

【原文译文】

使敌人相信我方，不生疑心，我方则暗地里图谋。充分准备之后再行动，不要让敌人发现而采取应变的措施。这就是外表友善、内藏杀机的计策。

【按语译文】

孙子兵法中说：『敌人的使者言词谦卑，实际上是在加紧战备，要进攻……没有约定就请求议和，是有阴谋。』因此，凡是敌人花言巧语、和颜悦色，都是杀机的外在表现。北宋时期，曹玮到渭州任知州，法令清明严肃，

西夏人都畏惧他。一天，曹玮正和客人下棋，遇上几千名士兵叛变，逃往西夏境内。探马来禀报情况，众将领你看着我、我看着你，都大惊失色，曹玮像平常一样谈笑风生。他不紧不慢地对探马说：『这是我的命令，你不要声张。』西夏人听说后，以为是宋朝的军队偷袭，就把这些叛军全部杀死了。这就是随机应变方法的运用。春秋时期越王勾践忍辱侍奉吴王夫差，就是为了让夫差长期安逸而放松警惕。

【历史故事】

公孙鞅伐魏

公元前341年，齐军在马陵击败魏军，魏国名将庞涓自刎而死。消息传到秦国，国相公孙鞅对秦孝公说：『秦国与魏国，就像人的要害处患有疾病，不是魏国吞并秦国，就是秦国消灭魏国。这是为什么呢？魏国虽然与秦国只隔着一条界河，但占据着地利。如果形势有利，魏国就能向西侵略秦国；如果形势不利，也能向东兼并土地。现在大王您贤能圣明，国家因此昌盛。魏国被齐国击败之后，诸侯们纷纷背叛，因此可乘机讨伐魏国。魏国不敌秦国，一定向东迁移。这样，秦国就能凭借坚固的河山，向东征服众诸侯，从而成就帝王的霸业。』秦孝公听从了公孙鞅的建议，于公元前340年派他率五万人马伐魏。

魏国的国君魏惠王收到消息，立即召集群臣商议对策。公子卬说：『公孙鞅过去在魏国时，与我的关系很好。后来我把他推荐给大王，大王没有听从我的意见。现在我愿意领兵前去，与公孙鞅讲和。如果他不同意讲和，我就坚守城池，请求韩国、赵国救援。』众人听罢，纷纷附和。于是，魏惠王派公子卬率五万人马抗击秦军。

公子卬到达吴城，与秦军形成对峙之势。这时，公孙鞅给公子卬写了一封信，说：『我过去与你关系很好，虽然现在各为其主，但不忍心交战。我要与你见面，订立盟约，畅饮一番之后各自退兵，让秦国、魏国都得到安宁。』公子卬觉得公孙鞅说得有道理，就答应了。

过了几天，公子卬带着随从出城与公孙鞅见面。两人订立盟

约之后，摆设宴席畅饮。酒酣之际，提前埋伏好的秦军勇士突然冲了出来。公子卬吓得拔腿就跑，但被秦军勇士紧紧地抓住。他的随从来不及反应，全部束手就擒。

公孙鞅一面下令将公子卬押回秦国，一面派人假扮公子卬骗开吴城的城门，然后率军冲进城中。魏军自知难敌，弃城而逃。接着，公孙鞅继续挥师前进，一路逼近魏国的都城安邑。

由于军队的主力被齐军、秦军击溃，魏惠王无兵可用，只得派使者向公孙鞅求和。公孙鞅提出，只有将河西之地全部割让给秦国才能撤兵。魏惠王无计可施，只得答应了。秦国得到河西之地，距离安邑很近。魏惠王非常害怕，便将都城迁到了大梁。

公孙鞅回到秦国之后，被秦孝公封为商君，后来的人就称他为商鞅。

第十一计　李代桃僵①

【原文】

势必有损，损阴以益阳②。

【按语】

我敌之情，各有长短。战争之事，难得全胜。而胜负之诀，即在长短之相较。而长短之相较，乃有以短胜长之秘诀。如以下驷敌上驷，以上驷敌中驷，以中驷敌下驷之类③，则诚兵家独具之诡谋，非常理之可测也。

【注释】

①李代桃僵：李树代替桃树而死，原比喻兄弟之间互相爱护、互相帮助，后用作比喻以此代彼或代人受过。僵，枯死。

②损阴以益阳：以局部的牺牲为代价，来换取全局的胜利。阴，局部。阳，全局。

③此处是说田忌赛马的故事，见史记·孙子吴起列传。驷，马，原指驾同一辆车的四匹马。

【原文译文】

当形势发展到必然有所损失时，应该以局部的牺牲为代价，来换取全局的胜利。

【按语译文】

我方与敌方的情况，各有长处和短处。战争这件事，难以在所有方面都得到胜利。而决定战争胜负的，就在于长处与短处的较量。而在长处与短处的较量中，就有以短处战胜长处的秘诀。例如赛马，用下等马对上等马、用上等马对中等马、用中等马对下等马这一类事例，就是军事家独具的诡计，不是能用常理推测的。

【历史故事】

赵氏孤儿

春秋时期，晋国的赵氏家族非常有名。赵夙、赵衰、赵盾等赵氏族人，不仅为晋国的国君立下汗马功劳，还掌握了朝政大权。晋灵公做晋国国君的时候，亲近小人，重用奸诈阴险的屠岸贾。赵盾多次劝阻，晋灵公不仅不听，还越来越怨恨他。屠岸贾乘机挑拨离间，密谋派刺客杀害赵盾。赵盾在卫士的保护下逃脱。接着，赵盾的侄子赵穿借屠岸贾外出寻找美女之机，杀死了晋灵公。不久，赵穿决定除掉屠岸贾，但被赵盾拦住。

晋成公继位后，不愿过多地杀人，屠岸贾因此幸免。过了一段时间，赵盾和晋成公相继病死。

公元前600年，晋景公成为晋国的国君。他和晋灵公一样亲

近小人，重新启用了屠岸贾。

公元前597年，屠岸贾因为对赵盾一直怀恨在心，便找机会鼓动晋景公，试图杀害赵盾的儿子赵朔及赵氏全家。

晋国的大臣韩厥得知屠岸贾的阴谋后，急忙告诉了赵朔，劝他赶快逃跑。赵朔不肯逃跑，对韩厥说：『您一定要想办法让赵氏留下后人，我就是死了也没有遗恨。』赵朔的妻子是晋成公的姐姐，当时正怀着身孕。韩厥答应了赵朔的请求，将他的妻子送进晋景公的宫中，然后装病不出门。

不久之后，屠岸贾带人杀死了赵朔及赵氏全家。但他没有发现赵朔的妻子，便派人到处寻找。

赵盾、赵朔有一位门客叫公孙杵臼。一天，他见到赵朔的朋友程婴，问：『你为什么没有为朋友而死？』程婴说：『赵朔的妻子有身孕。如果是男孩，我就

奉养他；如果是女孩，我再死。』

过了一段时间，赵朔的妻子产下一个男婴。屠岸贾听说后，立即带人到宫中搜查。因为被藏起来的男婴没有哭，所以屠岸贾并没有发现他。

随后，程婴将男婴偷偷地接到自己的家中。他对公孙杵臼说：『虽然今天屠岸贾没找到孩子，但他一定还会继续搜查。怎么办呢？』公孙杵臼说：『扶立遗孤和死哪件事更难？』程婴说：『当然是扶立遗孤更难。』公孙杵臼说：『赵家人待你不错，你就勉为其难吧。把容易的事交给我做，让我先死！』

接着，公孙杵臼和程婴在城中找到一个孤儿，带到深山里藏了起来。第二天，程婴从山里回到城中，对站在屠岸贾一边的将领们说：『我没有出息，不能抚养赵朔的儿子。谁能给我千金，

我就说出他藏在哪里。』将领们很高兴，立即答应了，然后派兵跟随程婴去找赵朔的儿子。

公孙杵臼看到程婴和将领们，故意怒骂：『程婴，你是一个小人！当初你和我商量隐藏赵朔的儿子，现在你却出卖了我！』说罢，抱起男婴大喊道：『天啊！天啊！赵氏孤儿有什么罪过？请你们留下他，杀死我吧！』话音未落，将领们指挥士兵一拥而上，杀了公孙杵臼和男婴。

屠岸贾以为赵朔的儿子已被杀死，便没再追究这件事。

过了十五年，程婴将赵朔的儿子抚养长大，并给他起名叫赵武。一次，晋景公生病。韩厥乘机说了赵朔有遗孤的事情，并将赵武、程婴悄悄地带进宫中。

后来，赵武、程婴与将领们一起杀了屠岸贾。晋景公又将赵氏的封地重新赏赐给了赵武。

第十二计　顺手牵羊①

【原文】

微隙在所必乘②，微利在所必得。少阴，少阳③。

【按语】

大军动处，其隙甚多，乘间取利，不必以战。胜固可用，败亦可用。

【注释】

①顺手牵羊：指顺手把他人的羊牵走。比喻趁势将敌人捉住或乘机利用别人，后比喻乘机拿走别人的东西。

②微隙在所必乘：即使有微小的漏洞，也一定要抓住。微隙，微小的空隙、漏洞。在所，处于某种状况。

③少阴，少阳：（将敌人）小的漏洞，（变为我方）小的胜利。

【原文译文】

即使有微小的漏洞，也一定要抓住；即使有微小的利益，也一定要获得。将敌人小的漏洞，变为我方小的胜利。

【按语译文】

大部队行动的时候，漏洞很多，利用这些漏洞获得利益，不

一定要通过正规的作战方法实现胜利。胜利的时候固然可以运用这种方法，失败的时候也可以运用。

【历史故事】

李愬逼降吴元济

唐朝时期，各地节度使的权力越来越大，成为官员觊觎的职位。

元和九年（814），淮西节度使吴少阳去世。他的儿子吴元济隐瞒父亲去世的消息，接掌了军政大权，拥兵自重。唐宪宗获知消息，立即派军队征讨。但是，经过两年的战争，唐军多次被击败，一无所获。大将李愬非常着急，向唐宪宗自荐，请求带兵出征。李愬颇具谋略，名声在外，唐宪宗便同意了他的请求。

当时，吴元济的老巢在蔡州。为了彻底剿灭吴元济，李愬一到达前线，便准备攻打蔡州。

因为唐军与吴元济交战多次失败，士气低落，李愬便主动安抚士兵，并招降了吴元济麾下大将吴秀琳，重振了士气。吴秀琳建议，要想攻克蔡州，一定要得到吴元济麾下的骁将李祐。李愬依言而行，设计生擒了李祐，并委以重任。李祐深受感动，积极地出谋划策。

接着，李愬出兵占领了蔡州周围的要地，将军队驻扎在文城栅，使蔡州成为一座孤城，无法与外界联系。

元和十二年（817）九月，李祐对李愬说：『袭击蔡州的条件已经具备。吴元济的主力都布防在其他地方，蔡州的守军都是老弱的士兵。现在应该出其不意，乘虚而入，就可以一举擒获吴元济。』李愬深以为然，立即布置起来。

十月十日，天降大雪，蔡州的守军放松了警戒。李愬与李祐秘密地集合了九千精兵，也没有宣布攻击目标和进军路线，便悄悄地出营，向东而去。半夜里，唐军向蔡州的前哨张柴村发起攻击，全歼守军。接着，李愬留下数百人马切断吴元济的退路，率领所有人马冒雪向蔡州进发。此时，众将士才知道要攻打吴元济。

到达蔡州外城城墙下的时候，李愬命令士兵们惊扰鸡鸭，以掩盖行军的踪迹。蔡州的守军信以为真，丝毫没有戒备。李祐身先士卒，带着数百名勇士一边在城墙上掘坑，一边攀墙而上。城头的守城士兵根本没有察觉，在熟睡中就成了唐军的刀下之鬼。第二天拂晓的时候，李愬率军占领了蔡州的外城。

十二日，李愬下令攻打蔡州的牙城。吴元济这时已走投无路，坚持到黄昏的时候，率众出城投降。

线装国学馆

三十六计

三十六计

第三套 攻战计

一〇一

第三套 攻战计

一〇二

三十六计

攻战计

第三套

第十三计 打草惊蛇①

【原文】

疑以叩实②，察而后动。复者，阴之媒③也。

【按语】

敌力不露，阴谋深沉，未可轻进，应遍探其锋。兵书云：『军行有险阻、潢井、葭苇、山林、翳荟者，必谨覆索之，此伏奸之所处也。』

【注释】

①打草惊蛇：比喻做事、行动不谨慎，使对方有所察觉。

②叩实：调查清楚。叩，调查。

③阴之媒：（发现）阴谋的手段。媒，手段、媒介。

【原文译文】

行军打仗，发现疑点就应该调查清楚，搞清楚后再行动。反复这样做，就是发现阴谋的手段。

【按语译文】

敌人的兵力没有暴露的时候，阴谋隐藏得很深，不能轻易地前进，应该全面地侦查敌人的兵力所在。孙子兵法说：『行军遇到险阻、沼泽、芦苇、山林、草木丛密的时候，必须小心反复地搜索，因为它们有可能是伏兵和奸细隐藏的地方。』

【历史故事】

诸葛亮四度北伐安全撤兵

建兴九年（231）春天，诸葛亮率军征讨魏国，第四次北伐中原，包围了祁山。魏明帝曹叡任命司马懿为统帅，率张郃、郭淮等出兵迎击。司马懿命郭淮等留守祁山东边的上邽，自己率其余人马救援祁山。

诸葛亮得知司马懿的行动，便留大将王平继续攻打祁山，自己率主力阻击司马懿。诸葛亮避开司马懿，击败郭淮，然后收割上邽附近的麦子，补充了军粮。司马懿获悉郭淮战败，立即撤回上邽。他认为蜀军远征，粮食补给一定会出现困难，便决定坚守上邽，拒不出战。诸葛亮在城外挑战了数天，便撤至卤城。司马懿立即出城，率军追至卤城。

不过，司马懿并没有攻城，而是在卤城附近的山上安营，与蜀军对峙，试图等蜀军粮尽撤退时再出击。张郃说：『蜀军远道而来，必然想速战速决。因此，应该出奇兵突袭蜀军的后路。诸葛亮孤军作战，粮食又少，一定会撤走。』司马懿固执己见，不肯出兵。将领们多次请战，都被司马懿拒绝，因此纷纷说：『司马将军畏惧蜀军就像畏惧老虎一样，难道不怕天下人耻笑吗？』司马懿听说后十分郁闷，竟病倒了。

五月，司马懿派张郃攻打王平，自己亲率人马与诸葛亮交战。诸葛亮兵分三路，大败魏军。这次战斗是司马懿一生中唯一一次与诸葛亮的正面交战。自此，司马懿再也不敢出战。无论将领们怎么请战，司马懿都没有答应。

六月，蜀国后主刘禅命令诸葛亮撤军。当时，蜀军的粮食已

经接近耗尽。诸葛亮命令大将魏延、关兴率一万人马赶到木门道埋伏起来，又命令攻打祁山的王平分两路撤回，自己率其余的人马撤离卤城。

司马懿发现后，立即派张郃追击。张郃认为，撤退的敌人不能追击。司马懿根本不听，强令张郃出兵。张郃无奈，只得率五千人马追击。司马懿率两万人马跟在后面。

张郃到达木门道的时候，魏延、关兴主动出击，然后假装战败，惊慌失措地逃进木门道。张郃紧随其后，率五千人马追进木门道。木门道地形险要，两边山峰耸立。张郃看着地形，急忙勒住马。突然，两旁山头万箭齐发。张郃大惊失色，掉转马头就往回跑，但右膝被箭射中。

司马懿赶到时，看见受伤的张郃和残兵败将，不由自主地仰天长叹，只能灰溜溜地撤走。

第十四计　借尸还魂①

【原文】

有用者，不可借②；不能用者，求借。借不能用者而用之，匪我求童蒙，童蒙求我③。

【按语】

换代之际，纷立亡国之后者，固借尸还魂之意也。凡一切寄兵权于人而代其攻守者，皆此用也。

【注释】

①借尸还魂：指已经死亡的东西，又借助某种形式得以复活。比喻已经被消灭或没落的事物又

以另一种形式出现。

②借：利用。

③匪我求童蒙，童蒙求我：不是我向蒙昧之人求助，而是蒙昧之人来求助我。易经·蒙·象传：『匪我求童蒙，童蒙求我，志应也。』匪，同『非』。童蒙，愚昧无知的儿童。

【原文译文】

凡有作为的人，就难以驾驭，不可利用；凡无作为的人，必然会求助于我以自立。驾驭无作为的人为我所用，就像不是我向蒙昧之人求助，而是蒙昧之人来求助我一样。

【按语译文】

改朝换代的时候，出现扶植亡国之君后代的情况，就是借尸还魂的计策。凡是把兵权交给别人、代替别人行使兵权进攻防守的，都是在使用这个计谋。

【历史故事】

死诸葛走生仲达

建兴十二年（234）二月，诸葛亮与吴国约定同时出兵征讨魏国，第五次北伐中原。四月，蜀军到达郿县。司马懿率魏军渡过渭水，背水安营。他对众将领说：『诸葛亮如果从武功向东进发，确实令人担心；如果向西前

往渭水南岸的五丈原，你们就无事可做了。』数天后，诸葛亮下令在五丈原安营。司马懿得知后，非常高兴。

魏将郭淮对司马懿说：『诸

葛亮肯定攻打北原，应该派兵到那里驻防。』其他人不以为然，郭淮说：『如果诸葛亮跨过渭水登上北原，和北山的蜀军连兵，阻断长安通往陇西的道路，必然会动摇民心，这对国家不利。』司马懿点点头，派郭淮到北原驻守。不久，蜀军果然进攻北原。郭淮出战，击退了蜀军。

诸葛亮攻打北原失利，为了吸取以前四次北伐缺粮的教训，便下令屯田种地。司马懿坚守不战，与诸葛亮相对峙。

七月，应约攻打魏国的吴军被击退。

八月，司马懿仍坚守不战。诸葛亮派人给司马懿送去妇人的衣饰，司马懿虽然大怒，但依然没有出战。过了几天，诸葛亮派使者到魏营拜见司马懿，以打探魏军的情况。司马懿只是询问关于诸葛亮饮食起居、处理事务多少的情况，也不打听军情。使者说：『诸葛丞相早起晚睡，凡是处罚超过二十杖，都亲自决定。他吃的饭菜很少。』等使者走后，司马懿高兴地对众将领说：『诸葛亮吃得少，而且事务繁忙，活不了多久了！』果然，过了几天，司马懿便获知诸葛亮病倒的消息。

不久，诸葛亮病逝，蜀军起营撤退。有人将消息禀报给司马懿，司马懿立即率军追击。蜀将

姜维下令调转战旗的方向，擂响战鼓，摆出一副即将向魏军进攻的样子。司马懿吃惊不已，连忙下令后退，不敢再追击。蜀军从容不迫地撤走了。

人们听说这件事后，纷纷说：『死诸葛走生仲达。』司马懿听到这句话，非常尴尬，讪笑着对众将领说：『这是因为我能预料诸葛亮活着时候的事，不能预料诸葛亮死后的事。』

不久，司马懿视察蜀军留下的营寨，又情不自禁地感叹：『诸葛亮真是天下的奇才啊！』

第十五计　调虎离山①

【原文】

待天②以困之，用人③以诱之，往蹇来连④。

【按语】

兵书曰：下政攻城。若攻坚，则自取败亡矣。敌既得地利，则不可争其地。且敌有主而势大：有主，则非利不来趋；势大，则非天人合用，不能胜。汉末，羌率众数千，遮虞诩于陈仓、崤谷⑤。诩即停军不进，而宣言上书请兵，须到乃发。羌闻之，乃分抄旁县。诩因其兵散，日夜进道，兼行百

余里，令军士各作两灶，日倍增之。羌不敢逼，遂大破之。兵到乃发者，利诱之也；日夜兼进者，用天时以困之也；倍增其灶者，惑之以人事也。

【注释】

①调虎离山：设法使老虎离开原来的山冈。比喻设法调动对方离开原来的有利地位，以便乘机行事。

②天：天时，指自然条件。

③人：指人为的假象。

④往蹇来连：往来皆难，路途困难重重。比喻步履艰难。蹇，艰难。

⑤羌率众数千，遮虞诩于陈仓、崤谷：115年，羌人侵扰武都（今甘肃陇南武都区）。虞诩被任命为武都太守，率兵抗击。虞诩（？—137），武平（属今河南鹿邑）人，东汉时期名将。崤谷，即大散关，位于今陕西宝鸡西南的大散岭上。

【原文译文】

等待自然条件对敌方不利时，再去围困他们；用人为的假象引诱敌方，使他们就范。如果前进有危险，就引诱敌人过来。

【按语译文】

孙子兵法说：下策是攻打城池。如果攻打坚固的城池，就是自取失败、灭亡。敌人已经占据有利的地形，就不要与他争夺阵地。况且敌人有准备，势头凶猛；有准备，如果无利可图就不会来攻打；势头凶猛，如果不是天时地利人和，就不能取胜。东汉末年，羌人数千人马在陈仓的

峭谷拦截虞诩的军队。虞诩立即停止行军，不再前进，并公开宣称上书朝廷请求援兵，必须等援兵到达后再发兵。羌人听说以后，就分散开，从附近的县包抄。虞诩看到羌人的兵力分散，就日夜兼程，每天行军一百多里，并且命令每一名士兵搭两个锅灶，而且每天增加一倍。羌人以为援兵到达，不敢逼近，于是虞诩大败羌人。等援兵到达才发兵，是引诱羌人；日夜兼程，是利用自然条件围困羌人；增加一倍的灶台，是用人为的假象去迷惑羌人。

【历史故事】

公子光杀吴王僚

春秋时期，吴国的国君寿梦努力地发展军事力量，国家逐渐强大起来。当时，寿梦有四个儿子，分别叫诸樊、余祭、夷昧、季札。寿梦死后，诸樊继承了君位，并决定把王位传给三个弟弟。诸樊死后，君位相继传给了余祭、夷昧。不过，夷昧死后，季札却逃走了，不愿意当国君。因此，吴国的大臣拥立夷昧的儿子僚做国君。

公元前 524 年，吴王僚继承了君位。他的堂兄弟公子光愤愤不平，认为吴国的君位应该传给自己，便暗中招募贤能的人，准备袭击吴王僚夺回君位。

公元前 522 年，伍子胥从楚国逃到吴国，投奔了公子光。过了一段时间，伍子胥得知公子光

想杀吴王僚而自立，就将勇士专诸推荐给他。专诸长得虎背熊腰，敢于拼命。公子光非常高兴，并给予他十分优厚的条件。

公元前516年，楚国的国君楚平王去世。第二年春天，楚国为楚平王举办丧事。吴王僚乘机出兵伐楚，一面派两个弟弟盖余、属庸包围了楚国的潜城，一面派季札到晋国观察其他诸侯的动向。楚军果断出击，绕到吴军的后方，阻断了盖余、属庸的退路。

公子光得知吴军不能及时撤回，认为杀吴王僚的机会到了，便对专诸说：『现在是杀吴王僚的好机会，不能丧失。如果不争取的话，什么都得不到！而且我是吴国国君真正的继承人，应该立为国君。就算是季札回来，也不会废掉我。』专诸说：『吴王僚可以杀掉了。他的母亲已老，孩子还弱小；两个弟弟率兵伐楚，

楚军隔断了他们的退路。现在，吴国在外被楚国围困，在内没有刚正耿直的大臣，没有人能把我们怎么样。』公子光见专诸答应刺杀吴王僚，十分高兴，当即郑重其事地对着专诸磕头，说：『我的身体，就是你的身体。你身后的事都交给我了。』

四月，公子光宴请吴王僚。酒酣之际，公子光假装脚有毛病，起身走进地下室，让专诸将一把鱼肠剑放到烤鱼的肚子里，然后端着烤鱼献给吴王僚。专诸走到吴王僚面前，突然掰开鱼肚取出鱼肠剑，刺向吴王僚。吴王僚猝不及防，当场毙命。吴王僚的卫士慌忙冲向专诸，举起刀剑砍死了专诸。这时，公子光提前埋伏好的士兵纷纷冲出来，将吴王僚的卫士全部杀死了。

接着，公子光自立为国君，他就是吴王阖闾。

第十六计　欲擒故纵①

【原文】

逼则反兵②，走则减势。紧随勿迫，累其气力，消其斗志，散而后擒，兵不血刃。需，有孚，光③。

【按语】

所谓纵者，非放之也，随之，而稍松之耳。『穷寇勿追』，亦即此意。盖不追者，非不随也，不迫之而已。武侯之七纵七擒④，即纵而蹑⑤之，故展转推进，至于不毛之地。武侯之七纵，其意在拓地，在借孟获以服诸蛮，非兵法也。故论战，则擒者不可复纵。

【注释】

①欲擒故纵：要想抓住对方，先故意放开他，使他放松戒备。

②反兵：使敌人反扑。反，使动用法。

③需，有孚，光：等待，有诚心，就会顺利。易经·需：『需，有孚，光亨。』

④武侯之七纵七擒：225年，蜀国南中发生叛乱。诸葛亮亲自率军征讨，七擒七纵叛军首领孟获，使孟获信服，从而成功地平定了叛乱。武侯，指诸葛亮。

⑤蹑：追踪。

【原文译文】

逼迫敌人太紧，就会使他们反扑；让敌人逃跑，就会削减他们的气势。紧紧地跟随敌人，不

要逼迫，消耗敌人的体力，瓦解敌人的斗志，待敌人军心溃散的时候再出击，不经过血战就能轻易地获胜。等待，有诚心，就会顺利。

【按语译文】

这里所说的『纵』，不是放过敌人，而是跟随，与交战相比，只是稍稍地放松了一些。『穷寇勿追』，也就是这个意思。不追赶，不是不跟随，只是不逼迫而已。三国时期，诸葛亮七擒七纵孟获，就是释放他而追踪他，因此辗转前进，到达荒凉贫瘠的地方。诸葛亮七次释放孟获，目的在于开拓疆土，在于利用孟获征服各个蛮夷势力。严格地讲，这不属于兵法范畴。因此，从战争的角度说，擒获敌人就不能释放。

【历史故事】

石勒克幽州杀王浚

西晋末年，幽州刺史王浚利用征战和联合鲜卑，不断壮大自己的军事实力。永嘉五年（311）六月，晋怀帝被前赵的军队俘虏。王浚乘机自立朝廷，任命官员。但是，王浚为政苛暴，大臣们离心离德，百姓纷纷逃离。

当时，有一名羯族的将领叫石勒，善长骑射，十分英勇。他投靠前赵之后，率军连年征战，手下的兵马越来越多，逐渐地占据了江汉地区，并率兵北上，不断地开疆拓土。永嘉六年（312）十二月，石勒派兵攻打广平。广平的守将是游纶、张豺，表面上接受王浚的号令。王浚获悉后，派鲜卑的军队救援广平。石勒趁鲜卑人立足未稳，便发动攻击。

鲜卑人措手不及，大败而逃，主将被活捉。石勒的手下将领都建议杀了鲜卑军队的主将，石勒说：『鲜卑的国家颇有实力，与我没有怨仇，只不过受王浚指使而已。现在杀掉一人，而与一个国家结怨，不是上计。如果放了他，他们必定高兴，不再被王浚所利用。』随后释放了鲜卑的主将。

游纶、张豺听说这件事后，主动向石勒投降。石勒打算攻打幽州，需要扩充军队，就同意了。

建兴元年（313）四月，石勒攻克了邺城，附近的百姓、鲜卑人纷纷归附。加上北方连年干旱，蝗灾频发，王浚的威势渐渐地衰落。一天，石勒与谋士张宾商量讨伐王浚的对策。张宾说：『王浚名义上是西晋的大臣，其实打算自己称帝，只不过担心天下的英雄豪杰不服从而已。他想得到

将军您，就像项羽想得到韩信一样。将军现在威震天下，只要准备厚礼，态度谦卑地向王浚表示服从，不怕他不信。图谋他人，如果让他发现，就难以达到目的了。』石勒大喜，连声地说『好』。

接着，石勒准备了一封信和很多珍宝，派门客王子春、董肇送给王浚。信中说：『我本来是无名小辈，生逢乱世，四处奔波、流浪，屯守在困厄之地，现在流窜到冀州，私下里想与将军联合起来，以保住自己的性命。晋朝很快就要灭亡，中原无主；将军出身于名门望族，被天下人尊崇。能成为帝王的人，不是您还有谁！我之所以冒死起兵，诛讨凶暴作乱的人，正是为您驱除称帝的阻碍。希望您能够响应上天、顺从民意，尽快登上皇位。我尊奉拥戴您就像天地、父母一样，希望您能体察我的心意，也把我

当作儿子一样看待。』

王浚接到石勒的信，得知他愿意归附自己，非常高兴，对王子春说：『石将军是当世豪杰，实力雄厚，却想归附我，这能是真的吗？』王子春说：『虽然石将军实力雄厚，但您的身份尊贵，威震天下。石将军不是将帝王的地位让给您，而是认为帝王自有天数，不是仅靠才智、实力就能得到。即使强行夺得帝位，也一定不被上天和天下人所承认。项羽虽然强大，但天下终究为汉朝所有。石将军与您相比，就像月亮与太阳，因此他借鉴以前的事，才归附您。这是石将军的见识远远地超过他人的地方，您有什么可奇怪的呢！』话音未落，王浚高兴得哈哈大笑，将王子春、董肇封为侯，并用重金回馈石勒。

不久，王浚的手下、游纶的哥哥游统私下里派使者见石勒，

提出归附。石勒将这名使者斩首，并将他的首级送给了王浚。自此，王浚相信石勒是诚心诚意地归附自己，不再有疑心。

第二年正月，王子春对石勒说：『幽州去年遭遇洪水，百姓颗粒无收，王浚不仅不赈济，反而变本加厉地征收苛捐杂税、实行严刑酷政。因此，民怨沸腾，众叛亲离。人们都认为王浚即将灭亡，而他自己却像原来一样，不以为意。』石勒笑着说：『现在是消灭王浚的时候了！』

随后，石勒下令将精锐的士兵、兵器都藏了起来，仅剩一些老弱病残的士兵每天操练。王浚

的使者看到这一切，回去禀报说：『石勒目前兵弱势孤，对您忠诚，没有贰心。』王浚非常高兴，更加骄纵懈怠，不再提防石勒。

三月，石勒率军朝幽州进发。王浚的手下人认为应该阻击，王浚生气地说：『这是石将军率兵来拥戴我，如果谁说阻击，立即斩首！』

几天后，石勒率军到达幽州城外。守城的士兵打开城门，放石勒进了城。直到石勒派兵抓住王浚，王浚才如梦初醒。不久之后，王浚被斩首。

第十七计 抛砖引玉①

【原文】

类以诱之②，击蒙③也。

【按语】

诱敌之法甚多，最妙之法，不在疑似之间，而在类同，以固其惑④。以旌旗金鼓诱敌者，疑似也；以老弱粮草诱敌者，则类同也。如楚伐绞⑤，军其南门，屈瑕⑥曰：『绞小而轻，轻则寡谋，请勿捍采樵者以诱之。』从之，绞人获利。明日，绞人争出，驱楚役徙于山中。楚人坐守其北门，而

人，是似是而非；以老弱的士兵、粮草引诱敌人，是类同。例如，春秋时期，楚国进攻绞国。两军在绞国都城的南门对峙。楚国大将屈瑕对楚王说：『绞国地小且人轻浮，人轻浮就缺少谋略，请用一些樵夫去引诱他们。』楚王听从了屈瑕的意见，绞国因此得到了许多楚国的樵夫。第二天，绞国的士兵争相出动，将楚国的樵夫驱赶进山中。楚军坚持在绞国都城的北门驻扎，并在山下设伏，一举击败绞国，迫使绞国的国君签订屈辱性盟约，然后撤军回国。又例如，孙膑通过减少行军中做饭的锅灶，在马陵引诱庞涓上当，庞涓兵败自杀。

【历史故事】

杨玄感殒命葭芦戍

隋朝末年，苛捐杂税、徭役无休无止，百姓苦不堪言。大业七年（611），隋炀帝征集百万大军和大量的民夫讨伐高句丽，却以失败告终。此后，农民起义接二连三地爆发。但是，隋炀帝毫不在意，于大业九年（613）正月再次征集百万大军，御驾亲征高句丽。

当时，隋朝的大臣杨玄感负责督运粮草。看到朝政混乱、民不聊生，便谋划废除隋炀帝，并积极地给自己树立威名。隋炀帝出发后，杨玄感为了让隋军断粮挨饿，常常不按时发运粮草。隋炀帝着急，数次派人催促杨玄感。杨玄感不仅不执行，还公开宣称：『水路有很多叛军，不能连

续发运粮草。』

六月，杨玄感在黎阳起兵，一路进逼洛阳。隋炀帝得知后，立即调兵遣将，分数路围攻。虽然杨玄感骁勇善战，每次战斗都身先士卒，但寡不敌众，连连败北。一天，杨玄感与大将李子雄商量对策。李子雄说：『我军屡败，不能长期地留在洛阳。不如直接挺进关中，打开永丰仓赈济百姓，争取民心，然后再找机会东进，争夺天下。』杨玄感沉默了一会儿，觉得李子雄说得有道理，便立即下令放弃洛阳，向关中进发。

弘农是杨玄感进关中的必经之地。弘农太守杨智积得知杨玄感即将到达，对手下人说：『杨玄感听说援救洛阳的大军将到，就想西进，图谋关中。如果让他的打算得逞，就很难再打败他。现在应该用计策阻拦住他，让他

不能继续西进。不出十五天，就可以击败他。』

数天后，杨玄感率军到达弘农城下，准备绕城而过。杨智积急忙登上城楼，冲着杨玄感破口大骂。杨玄感勃然大怒，下令攻城。大将李密连忙劝阻，说：『兵贵神速。现在追兵将至，怎么能停留！如果前方没有停留的地方，后面没有退路，我军再被击溃，用什么保全自己！』杨玄感愤怒至极，根本不听，坚持攻城。

杨智积早已有所准备，一连三天，弘农安然无恙。杨玄感担心追兵赶到，便率军继续西进。

但是，西进为时已晚。杨玄感到达阌乡时，隋军数路人马追至。杨玄感登上盘豆布阵，且战且走。但因为仓促交战，杨玄感连战连败。

八月，杨玄感在董杜原列阵与隋军交战，但遭遇大败，只带

着十几名骑兵仓惶逃向上洛。

逃到葭芦戍时，杨玄感的身边只剩下弟弟杨积善一个人。两人放走战马，徒步而行。杨玄感自知将死，对杨积善说：『我不愿意被其他人杀死、羞辱，你杀了我吧！』杨积善痛哭流涕，举刀杀死杨玄感，然后自杀。当时，杨积善没有死，隋军追上后，将其捉拿，与杨玄感首级一起呈送炀帝。

第十八计　擒贼擒王①

【原文】

摧其坚②，夺其魁，以解其体。龙战于野，其道穷也③。

【按语】

攻胜，则利不胜取。取小遗大，卒之利、将之累、帅之害、功之亏也。全胜而不摧坚擒王，是纵虎归山也。擒王之法，不可图辨旌旗，而当察其阵中之首动。昔张巡与尹子奇战④，直冲敌营，至子奇麾⑤下，营中大乱，斩贼将五十余人，杀士卒五千余人。巡欲射子奇而不识，剡⑥蒿为矢，中

者喜，谓巡矢尽，走白⑦子奇，乃得其状，使霁云⑧射之，中其左目，几获之，子奇乃收军退还。

【注释】

①擒贼擒王：作战时要先捉住敌人的首领。比喻抓住关键、解决主要矛盾，事情便可以迎刃而解。

②坚：主力。

③龙战于野，其道穷也：出自易经·坤·象辞，意指龙在大地上争斗，走入穷途末路的绝境。此处比喻擒贼擒王计谋的威力。

④张巡与尹子奇战：755年，安史之乱爆发。756年，唐朝官员张巡在雍丘起兵抗击叛军，不久，从雍丘撤至睢阳（今河南商丘睢阳区）。757年，张巡在睢阳设计突袭尹子奇营寨，大胜。尹子奇（生卒年不详），安史之乱时的叛军将领。

⑤麾：古代指挥军队用的旗子。

⑥刿：削尖。

⑦走白：跑着去报告。

⑧霁云：即南霁云（712—757），顿丘（今河南清丰）人，唐朝中期名将。

【原文译文】

摧毁敌人的主力，擒获敌人的首领，就能瓦解敌人的整体。这就像龙在大地上争斗，走入穷途末路的绝境一样。

【按语译文】

进攻获胜，利益就取之不尽。获得小胜而错过大胜，对士兵有

利，但拖累将领，危害主帅，使功业失败。大获全胜但不摧毁敌人的主力、擒获敌人的首领，就是放虎归山。要想擒获敌人的首领，不能只辨别旗帜，而应该观察他在阵营中的指挥作用。唐朝安史之乱时，张巡与叛军的将领尹子奇交战，率军径直冲向敌营，一直到尹子奇的帅旗下，使尹子奇的营寨大乱，结果杀敌将五十多人，杀士兵五千多人。张巡想箭射尹子奇，但不认识他，便将芦蒿杆削成箭射出去。中箭的敌军士兵很高兴，以为张巡的弓箭用尽，便跑着去报告尹子奇。张巡于是得知尹子奇的位置，便命令南霁云射尹子奇。南霁云一箭射中尹子奇的左眼，差一点就擒住他。尹子奇受伤，只能收兵撤退。

【历史故事】

土木堡之变

正统十四年（1449），北方蒙古族瓦剌部的首领也先率军南侵明朝，攻打大同。明军接连失败，节节后退。明英宗在太监王振的胁迫下，决定御驾亲征，并任命王振为统帅。王振根本不懂用兵，临时拼凑了二十万人马，也没有准备充足的粮草，便匆匆地于七月率军上路。王振侍宠专权，文武大臣都十分畏惧他，因此没人敢提出不同的意见。

明军过了居庸关之后，便遭遇连绵大雨。道路变得泥泞不堪，明军行军的速度非常缓慢。也先获悉明军的动向，非常高兴，决定先引诱明军深入，再歼灭。

八月，明军到达大同。王振得知瓦剌军后撤，认为他们是害

怕明军的威势，便不顾其他人反对，坚持下令追击。明军的前锋人马遭到瓦刺军的伏击，全部阵亡。王振惊慌失措，决定班师回京。有的将领建议从紫荆关返回，但王振不听，命令大军从原路撤退。

明军到达宣府时，瓦刺军追至。王振急忙派三万骑兵抗击，但被也先采用两翼包抄的战术消灭。王振惊恐万状，慌忙撤军。

数天后，明军撤至离怀来二十里的土木堡。一些大臣建议进怀来据守，但王振以辎重未到为由，下令在土木堡等候。第二天，瓦刺军追到土木堡，也先立即下令包围明军。

土木堡地势较高，没有泉水，只有流经南边的一条小河作为水源。也先一到，就派人马控制住小河。过了两天，缺水的明军饥渴难忍，纷纷挖井，但掘地两丈深也没有找到水，顿时人心惶惶。

这时，也先派使者送信给王振，假装议和，并主动后撤。王振信以为真，命令将士朝小河前进。早已饥渴万分的明军将士看见河水，根本不顾秩序，一拥而上。霎那间，场面混乱不堪。突然，瓦刺军从四面八方冲了过来。明军仓促应战，无法抵挡，四散而逃，很多文臣武将都死在乱军之中。

明英宗见突围无望，就跳下马，面向南方，盘膝而坐，被瓦刺军活捉。明英宗的护卫樊忠愤怒至极，举锤砸死了王振。

也先抓获明英宗，如获至宝。此后，他挟持明英宗，屡次侵犯

第三套 攻战计

明朝的边境地区。明军投鼠忌器，只得任由瓦剌军劫掠。九月，明朝众大臣拥立明代宗为帝。明代宗立即命令边关将领不得私自与也先接触，不准答应他的任何要求。也先见捞不到好处，于第二年将明英宗放回了明朝。

线装国学馆

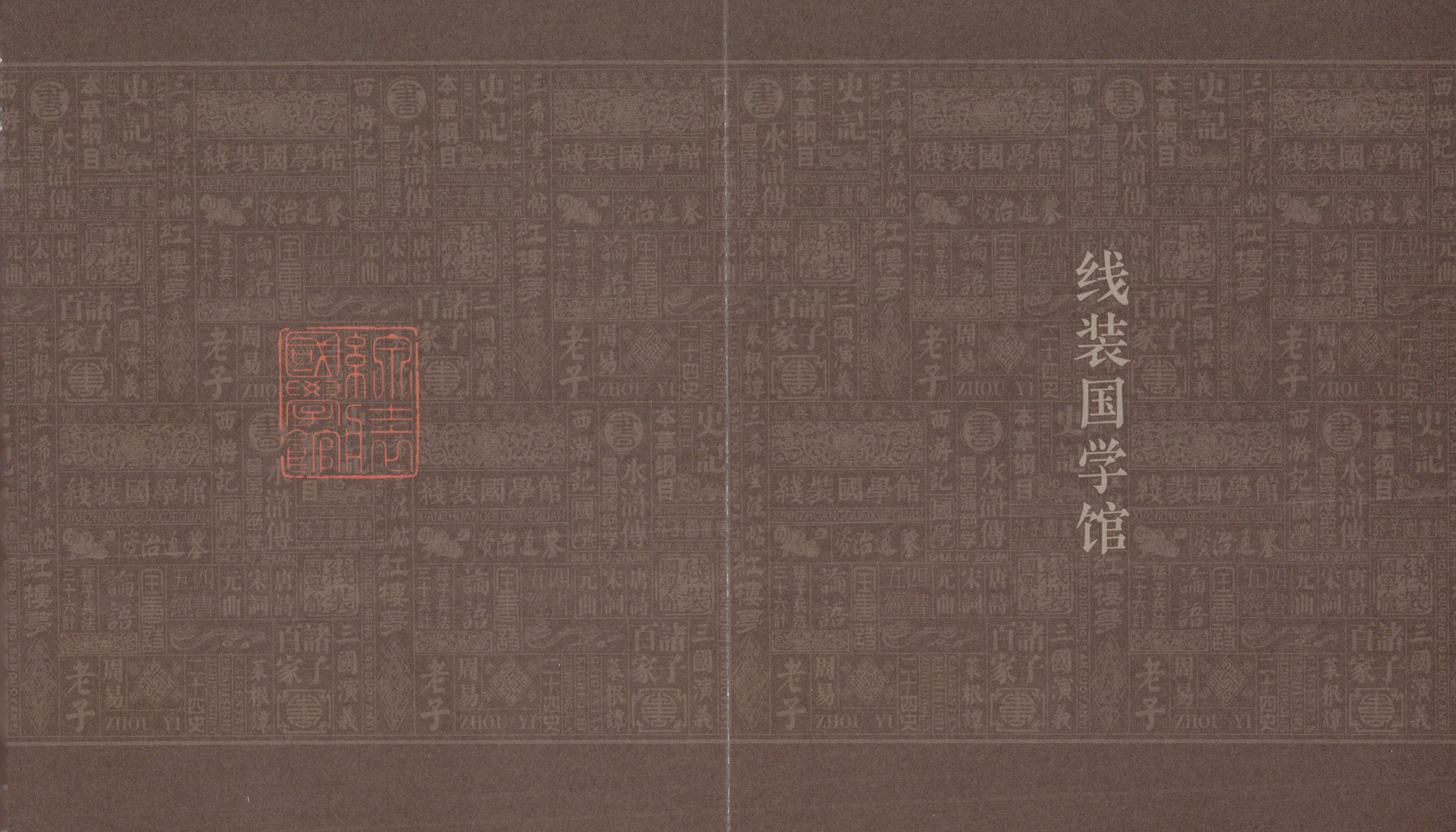